AF381042

LES 7S MCKINSEY

La clé pour la réussite d'une entreprise

Par Anastasia Samygin-Cherkaoui
Sous la direction d'Anne-Christine Cadiat

LES 7S MCKINSEY

Historique

Le concept des 7S date des années quatre-vingt, et est initialement présenté dans un article co-signé par Robert Waterman, Thomas Peters et Julien Philips, *Structure is not Organization* (1980). Il apparaît à une époque où l'accent est mis sur la stratégie et l'organisation des entreprises. Il s'agit en effet de repenser toute l'organisation des sociétés et non de simplement réarranger les pratiques en vigueur.

Si aujourd'hui ces représentations graphiques et schématiques – logigrammes, process, etc. – sont très répandues dans le milieu économique, à l'époque, le coup de génie fut double :

- d'une part, la représentation du modèle sous forme d'atome surprend par son originalité ;
- d'autre part, la répétition de la même lettre initiale « s » pour chacun de ses éléments crée

un effet d'allitération.

Ces deux caractéristiques favorisent la mémorisation du concept ainsi que la visualisation de l'articulation de ses sept éléments et, *in fine*, contribuent à sa renommée et à sa pérennité.

Définition du concept

Le modèle des 7S, développé par le cabinet de consultance McKinsey, constitue un outil de diagnostic organisationnel, présenté schématiquement sous la forme d'un atome. L'appellation du concept met en avant, via un moyen mnémotechnique simple, à la fois le nombre d'éléments du schéma, et potentiellement, ses constituants, qui commencent tous par la lettre « s ».

DONNÉES-CLÉS

- **Dénomination(s) ?** 7S (ou 7Ss), *7-S framework*, 7S de McKinsey
- **Usage(s) ?** Management et gestion de moyennes et grandes organisations, et adaptation au changement
- **Raison(s) de son efficacité ?** Représentation visuelle aisée et applicabilité
- **Mots clés ?** Organisation, modèle, management, changement

THÉORIE – PRÉSENTATION DU CONCEPT

Une part importante du succès des 7S tient dans la représentation du modèle sous forme d'atome : dynamique, cette figure montre de manière simple et quasi évidente l'interconnexion entre les éléments qui la constituent. Sans pour autant les exclure, elle s'éloigne considérablement des schémas sous forme de chaîne, symptomatiques de la segmentation des tâches et des gains de productivité fondés sur les cadences, ou encore des organigrammes pyramidaux traditionnels, même si ces derniers intègrent aujourd'hui de plus en plus souvent les flux d'informations.

Depuis les années trente, des études mettent en avant l'importance des relations humaines. Elles mènent à l'inévitable conclusion qu'il est fallacieux de croire en des rapports simplement techniques. En effet, il se noue entre travailleurs ou groupes de travailleurs des relations et des enjeux qui dépassent le cadre théorique de l'organigramme fonctionnel. Ces relations peuvent certes être amicales, mais aussi – souvent – d'influence, c'est-à-dire dépendant de la capacité d'une personne à modifier le comportement d'une autre, sciemment ou non, afin de l'amener à favoriser ses objectifs ou ses valeurs. Imprévisibles pour les dirigeants, ces relations sont extrêmement importantes en ce qu'elles sont capables de modifier l'organisation dans son ensemble. Chacun de nous peut vérifier ce constat en se remémorant des situations où le changement de certaines personnes au sein d'un groupe a modifié les résultats de tous. Prenons l'exemple du sport, où le changement d'entraîneur induit des résultats différents, alors que l'équipe reste la même et que chaque membre conserve sa fonction.

De même, les entreprises changent et, par conséquent, leurs besoins évoluent. Certes, des fondamentaux demeurent : il existe toujours des entreprises de type familial, des entreprises aux tâches fortement standardisées, des sociétés basées sur les compétences (où la plus-value est apportée, par exemple, par des prestations intellectuelles) ou encore des structures orientées « résultats ». Le changement qui survient résulte d'une combinaison de modèles préexistants et émerge donc dans des structures de plus en plus hybrides. En outre, la plupart du temps, l'internationalisation ou la déterritorialisation prennent davantage d'ampleur. Un supermarché, par exemple, fonctionne avec une certaine autonomie (chaque élément d'une structure est aussi une structure en soi), mais participe à un ensemble (un groupe national dans notre exemple) bien plus vaste, qui le contient et qui parfois est lui-même inclus dans une structure encore plus vaste (niveau international).

C'est dans ce contexte que le modèle des 7S apparaît :

Les composantes du modèle

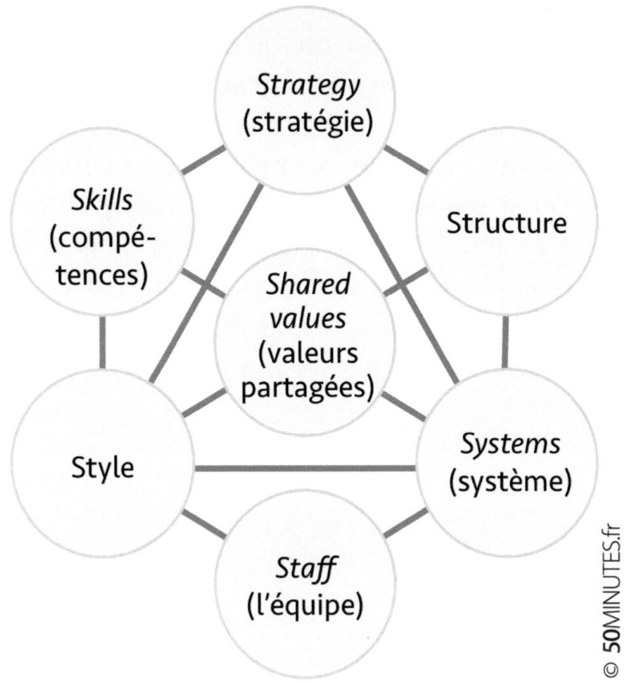

En pratique, cette représentation souligne l'interaction entre les différents éléments, chacun étant lié à tous les autres, avec toutefois un noyau central. Ce dernier mérite que l'on s'y attarde un instant. Initialement, le cercle central représentait des « objectifs extraordinaires » (*superordinate goals*). Tony Athos (1934-2002), professeur à la Harvard Business School et proche de Robert Waterman (co-fondateur du modèle), a l'idée de changer ces objectifs en des « valeurs partagées » (*shared values*). Cet apport n'est pas anodin : il modifie la philosophie du modèle en plaçant des fondements solides (des valeurs) là où se trouvaient jusqu'alors des éléments prospectifs, les objectifs.

Fruits de réflexions et de débats, les sept termes ne sont évidemment pas choisis au hasard.

STRATEGY

La stratégie (*strategy*) détermine les moyens qui seront déployés. En cela, sa définition précède l'ensemble des autres éléments. Elle est en quelque sorte la réponse de la société à son environnement : faut-il diminuer les coûts, produire en grande quantité ou cibler son public ? Étendre ses activités ou se spécialiser ? Avoir vis-à-vis de ses concurrents une attitude agressive ou tenter de se différencier ?

On le voit, la stratégie est à la fois cruciale et potentiellement changeante, en tant que résultat d'une interaction entre l'entreprise et son environnement. Pourtant, point de précipitation, car la stratégie oriente les choix, notamment en matière d'investissements, de positionnement des produits ou d'implantation géographique. Elle ne peut donc changer de but en blanc.

On distingue trois types de stratégie :

- la domination par les coûts ;
- la différentiation (valeur) ;
- la focalisation (niche).

Une stratégie peu ou mal définie peut donner lieu à des choix difficiles, à des investissements peu justifiables, à une mise en avant de certaines compétences au détriment d'autres, etc. Cela peut occasionner une certaine dispersion : l'entreprise n'a alors aucune spécialisation ou distinction particulière. *A contrario*, une stratégie très claire mène à des investissements et des décisions allant dans une direction précise. Si la stratégie est pertinente, la mission est donc réussie ! Dans le cas contraire, on peut penser que la société aura du mal à se réformer.

Pour illustrer ce propos, revenons à l'exemple de la grande distribution : certaines enseignes se distinguent par leur politique de prix (bas), tandis que d'autres sont plus connues pour la qualité ou l'originalité de leurs produits. Certaines encore n'ont pas de critère distinctif particulier. Le même raisonnement peut être appliqué à l'informatique ou à la téléphonie : certaines marques tentent de se différencier, soit par un style, soit par des spécifications techniques qui leur sont propres. Ainsi, elles se spécialisent et s'adressent à un certain type d'utilisateur. D'autres se situent dans une logique de concurrence par rapport aux divers acteurs ancrés sur le marché et doivent se démarquer jouant sur des facteurs (éventuel-lement combinés) tels que le prix ou les accessoires – applications ou autres « petits plus, matériels ou immatériels, qui donnent l'impression d'appartenir à une communauté d'utilisateurs (d'où le développement de fonctions comme *community manager*). Mais on peut croire que, même si elles s'adressent à un public potentiellement plus important, elles le fidélisent moins.

STRUCTURE

Lorsque des développements et des changements sont apportés aux modèles d'entreprise, la définition même de la structure est modifiée. Aussi, faut-il sensibiliser les employés pour qu'ils perçoivent la stratégie globale de l'entreprise et définissent à leur échelle comment s'intégrer dans la structure, autrement dit comment travailler et avec qui.

Actuellement, la décentralisation prend de plus en plus d'ampleur dans le secteur de l'industrie. Aux divisions par fonction et par produit ont en effet succédé d'autres segmentations possibles grâce à des critères tels que les pays ou les régions, les marchés, les populations ou les types de produit, etc. Par ailleurs, les divisions ne s'excluent pas forcément entre elles (pour reprendre l'exemple de la grande distribution : une enseigne peut mettre en place une division géographique avec, au sein de chaque entité, des subdivisions par produit).

Face à ce constat, il apparaît d'autant plus important pour l'entreprise de centraliser ses choix, même si pour l'essentiel il s'agit d'une unicité stratégique. Celle-ci est pensée pour agir de manière globale, laissant le soin aux entités des autres niveaux de se développer chacune sur son terrain. On peut qualifier cette structure de temporaire, faisant preuve d'une relative flexibilité, en ce qu'elle est plus politique ou contingente, autrement dit qu'elle s'adapte à son environnement.

Bon à savoir

- Selon le structuralisme, les relations sociales s'organisent en constructions sociales, et ce indépendamment de la conscience de ses acteurs. Dans le domaine des sciences humaines, la notion de structure apparaît en France dans les années cinquante. Il s'agit, pour les penseurs structuralistes – notamment Émile Benveniste (1902-1976), Claude Lévi-Strauss (1908-2009), Roland Barthes (1915-1980) et Maurice Godelier (né en 1934) – de mettre en évidence un mode d'organisation dans lequel le relationnel prédomine.
- En biologie, une des particularités de la

Dans le même ordre d'idées, la structure s'adapte en fonction des événements qu'elle rencontre. L'aspect relationnel y est prépondérant. Alors que la notion de « système » prévoyait des éléments préexistants entre lesquels s'établissaient différentes relations, le structuralisme franchit en quelque sorte une étape supplémentaire : ici, les constructions sociales sont le fait d'un ensemble de règles abstraites et l'origine de la structure se confond avec son fonctionnement, si bien que toute perturbation entraîne une adaptation spontanée.

SYSTEMS

Ce concept est moins pertinent traduit en français (« système ») qu'il ne l'est en anglais. Il désigne les procédures et les fonctionnements qui constituent le quotidien d'une entreprise. En français, le terme le plus approprié commençant aussi par « s » serait « suivi » : suivi budgétaire, suivi du respect des procédures internes, suivi (ou veille) juridique, etc. Une stratégie qui ne tient pas compte de ces procédures est vouée à l'échec, quelle que soit sa pertinence, car elle ignore le fonctionnement réel de l'entreprise. Aussi, si vous décidez de changer le fonctionnement d'une entreprise ou tout simplement de l'analyser, ne négligez pas les procédures et les suivis.

STAFF

La notion de staff renvoie à l'équipe, au sens large : elle englobe en effet les compétences, les connaissances, les programmes de formation, la motivation, les comportements, mais aussi les salaires, la hiérarchie, l'évaluation et la promotion des individus. En réalité, il s'agit de la gestion des ressources humaines dans son ensemble.

STYLE

Cette notion, proche de celle du staff, s'appuie sur une distinction de niveaux, vu qu'il s'agit de mettre en avant les comportements des top managers. On peut regretter cette différenciation entre les cadres et l'équipe dans la mesure où ils en font partie, bien qu'il faille reconnaître l'impact que peut avoir le changement d'un dirigeant sur un groupe. Certains objecteront que l'importance du style n'est pas du seul fait des dirigeants. Les exemples allant dans ce sens ne manquent pas : dans une équipe sportive, un seul joueur peut avoir une personnalité plus forte ou un style plus marqué que l'entraîneur. Mais cela suffit-il pour qu'il prenne l'ascendant sur l'entraineur ? De même au cinéma, il arrive qu'un second rôle s'impose plus qu'un premier rôle. Mais, le savoir-faire du réalisateur n'est-il pas justement de laisser ces personnalités s'exprimer ? Et que dire des jeux d'influence en politique ?

<u>Bon à savoir : top management et top manager</u>

Le top management désigne le niveau le plus élevé des fonctions exécutives d'une entreprise (privée ou publique). Les top managers sont souvent des personnalités fortes, capables de fédérer leurs équipes et de partager leur vision de l'avenir et des moyens en vue de réaliser les objectifs fixés. S'ils prennent les décisions concernant la stratégie et les objectifs de l'entreprise, ils doivent aussi (théoriquement) les assumer : ils portent (seuls) la responsabilité de la réussite ou de l'échec de leurs politiques.

SKILLS

Communément traduit en français par « compétences », le terme *skills* peut également désigner les « savoirs » au pluriel, d'une part parce que ce mot commence par un « s », et d'autre part parce qu'il englobe le savoir-faire et le savoir-être. Ici encore, la notion empiète un peu sur le staff et la stratégie, mais pas complètement.

Les *skills* regroupent en effet :

- les spécificités de l'entreprise ou de la marque, c'est-à-dire les éléments qui la différencient (ou par lesquels elle entend se différencier) de ses concurrents ;
- les compétences du personnel. L'entreprise recherche des employés aux attitudes et aptitudes susceptibles de véhiculer et de renforcer ses valeurs.

Il s'agit donc ici de mettre en évidence le lien entre les qualités des acteurs et celles de la structure dans laquelle ils évoluent et au développement de laquelle ils prennent part.

SHARED VALUES

Les *shared values*, soit les « valeurs partagées », constituent le noyau du modèle. Une des critiques émises contre le structuralisme pointait la négligence vis-à-vis des acteurs, considérés en quelque sorte comme de simples contingences de la structure. En réponse à celle-ci, plusieurs sociologues, entraînés par Pierre Bourdieu (1930-2002), ont veillé à revaloriser les acteurs, pas tant en ce qu'ils peuvent se libérer des structures, mais en considérant la portée de leurs expériences et de leurs représentations comme faisant partie intégrante de la réalité de la structure.

Certes, tout un chacun n'a pas la chance d'avoir le travail ou la situation de son choix. Toutefois, il doit exister un minimum de valeurs partagées, qu'il s'agisse de la qualité du service ou du produit, ou encore de l'engagement de l'entreprise pour telle ou telle cause. Imaginez-vous travailler dans un atelier où vous défaites le mardi ce que vous avez fait le lundi. Tant que vous ignorez l'inutilité de votre travail, il y a de fortes chances pour que vous le poursuiviez, avec une motivation variable, éventuellement même avec des objectifs en termes de productivité ou de qualité. Par contre, que dire si vous prenez connaissance de l'absurdité totale de ce qui vous est demandé ? Continuerez-vous ? Combien de temps ? À quelles conditions ? Pareillement, nous avons parlé plus haut de la stratégie et du management : un changement à ce niveau peut générer des insatisfactions du personnel (grèves, augmentation de l'absentéisme, perte de pro-ductivité, diminution de la qualité du travail, départ des travailleurs qui en ont la possibilité, etc.). Et chacun qui lira ces lignes trouvera, dans l'actualité ou dans son vécu, des exemples qui illustrent le fait que des valeurs qui ne sont plus communément partagées entraînent tensions ou ruptures.

Ce qui importe ici, c'est le lien entre les valeurs d'une société (véhiculées par un ensemble d'individus) et les valeurs des sociétés (ou des entreprises) en tant qu'organisations à forme commerciale ou associative. On pourrait parler de sociétés (avec un « s » minuscule) et de Sociétés (avec un « s » majuscule), les valeurs des premières étant en quelque sorte une déclinaison des valeurs des secondes, par rapport auxquelles elles doivent faire sens.

CONCLUSION

Puisque tous les éléments du modèle sont inter-connectés, la modification de l'un d'eux a une incidence directe sur tous les autres. Ce schéma doit donc toujours être considéré comme dynamique. Son illustration, sous forme d'atome, laisse l'utilisateur libre d'entamer l'application du modèle par n'importe quel élément, en fonction des informations dont il dispose et de la position qu'il occupe, même si la place centrale des *shared values* n'est pas anodine.

Enfin, notons pour conclure qu'après l'analyse des 7S, il est possible de se faire une idée globale des fondements d'une entreprise ou d'une organisation.

LIMITES DU MODÈLE ET EXTENSIONS

LIMITES ET CRITIQUES DU MODÈLE

Selon les propos de l'article fondateur du modèle des 7S, *Structure is not Organization* (1980), faisant référence au peintre belge surréaliste René Magritte (1898-1967), la représentation d'une chose n'est pas la chose elle-même. Par extension, la représentation schématique d'une organisation, aussi pratique et bien pensée soit-elle, n'est pas cette organisation. Ainsi, le modèle des 7S n'est pas plus qu'un autre, la pierre philosophale de la réussite d'une entreprise. Toutefois, parce qu'il intègre des informations de type subjectif (inclues dans les valeurs partagées, l'équipe, les compétences, etc.), nous osons croire que ce modèle s'adapte peut-être mieux qu'un autre au cas particulier de chaque société, dans la mesure où il est capable d'intégrer ce paramètre spécifique qu'est la « culture d'entreprise ». Le top management, faisant l'objet d'un point d'attention à lui tout seul (*style*), y est peut-être surreprésenté étant donné que, dans une certaine mesure, on pourrait l'inclure dans le *staff*.

Suivant la conception actionniste, qui met en avant l'importance des relations humaines, la théorie des organisations, dans laquelle s'insère le modèle des 7S, n'est qu'un volet de la théorie générale de l'action telle qu'elle est développée par des sociologues comme Max Weber (1864-1920) en Allemagne, Talcott Parsons (1902-1979) aux États-Unis ou encore Michel Crozier (1922-2013) et Erhard Friedberg (né en 1942) en France.

Bon à savoir : la théorie générale de l'action

Selon cette théorie, toute construction sociale se comprend par les actions de ses acteurs. Les rapports de pouvoir sont distingués des purs rapports de domination, le pouvoir de l'acteur étant sa capacité à influencer les autres. Certes, cette capacité est inégale, mais elle permet de générer des zones d'incertitude et, par là même, du pouvoir, sans pour autant s'éloigner des règles établies (donc en restant dans le système d'action, c'est-à-dire dans le jeu).

MODÈLES CONNEXES

Étant donné le succès des formes schématiques, d'aucuns se réapproprient les modèles existants pour les adapter à de leur propre entreprise. Dans les présentations des managers, on voit régulièrement des schémas comme celui des 7S. En management, les logigrammes – schémas présentant une activité dans son ensemble – et fiches processus découlent de raisonnements similaires.

Par ailleurs, de plus en plus de modèles entendent également jouer sur la sonorité, par l'emploi d'allitérations ou de questions (qui, quand, comment, combien), pour s'imposer dans les esprits.

Selon nous, ce qui importe dans le modèle des 7S, c'est de bien présenter les interconnexions entre les différentes notions, ainsi que de tenir compte de l'importance des relations humaines – cela n'empêche pas que, dans sa mise en pratique, chacun fasse à sa manière. Se référer à un modèle validé ne signifie pas en effet l'appliquer de manière uniforme.

MISE EN PRATIQUE

CONSEILS ET *BEST PRACTICES*

Concrètement, qu'est-ce que cela implique lorsque l'on décide de penser ou de repenser les 7S d'une entreprise dans le cadre de la réalisation d'un projet ?

Par où commencer ?

Cas 1 : création d'entreprise

Si demain je crée une société, j'aurai probablement une démarche intellectuelle. Dans une position « méta » où je suis à la fois acteur et observateur extérieur, je définis en premier lieu ma stratégie en me posant les questions suivantes :

- Quel est mon produit ?
- Quelle est ma position par rapport à celle de mes concurrents (potentiels) ?

Théoriquement, des questions liées aux valeurs viendront probablement ensuite occuper mon esprit et ainsi de suite avec les autres éléments du modèle. Pourtant, en pratique, force est de constater qu'on n'a pas forcément l'occasion de procéder de la sorte.

Cas 2 : entreprise existante

Dans une structure existante, il nous paraît plus pertinent de partir du noyau de l'atome, c'est-à-dire des valeurs. En effet, celles-ci sont en quelque sorte le plus petit dénominateur commun des membres de l'entreprise. Ainsi, une réflexion à propos des *shared values* permettra avant tout de dégager ce qui est partagé par les acteurs concernés. Évidemment, répondre à la question des valeurs et décider d'en modifier partiellement la teneur peut influencer la stratégie et tout le reste. Prenons un exemple : doit-on maintenir un service qui n'est pas rentable ? Spontanément, on peut être tenté de répondre par la négative. Mais dans le cas d'un service médical ou d'un service de transport, cette question prend un autre sens.

Concrétiser le projet

Tant pour la création d'un projet que pour un changement dans une structure existante, la concertation avec les acteurs est un préalable in-dispensable. Agir en sens inverse, « par le haut » en quelque sorte, équivaut à vouloir faire le bien des gens malgré eux. Les régimes totalitaires ont montré à l'envi que ce système ne fonctionne pas. Même si le changement souhaité est per-tinent, la méthode utilisée pour le concrétiser peut le vouer à l'échec.

Maintenant que nous connaissons un peu mieux l'entreprise, il faut se poser les bonnes questions pour concrétiser notre projet :

- Quelles sont les différentes étapes à respecter ?
- Quels sont les moyens financiers et les res-sources – *staff* et *skills* – à mettre en œuvre pour y parvenir ?
- Quelle est la particularité de la structure ?
- Qu'est-ce qui la différencie de ses concurrents ?
- Comment touche-t-elle ses interlocuteurs ?

En répondant à ces questions, nous (re)définis-sons le style de l'entreprise qui est en lien direct avec ses valeurs. La stratégie, quant à elle, ne peut être déterminée sans tenir compte des valeurs, des compétences et de l'environnement (concurrence) dans lequel elle se déploiera.

Évaluer le projet

Pour l'évaluation du projet, il faut analyser le système (suivis et procédures) afin d'acquérir une vision d'ensemble de l'organisation, avec ses qualités et ses failles.

La réflexion sur les 7S conduit inévitablement au maintien ou à la modification de la structure qui sert de cadre à l'action.

Les questions soulevées et les réponses apportées illustrent l'interconnexion des différentes notions du schéma des 7S. Si, *in fine*, nous constatons que tous les éléments ont été pris en compte, préciser exactement ce qui relève de l'un ou de l'autre peut parfois sembler compliqué. Ce qui compte en définitive, c'est de ne pas négliger l'un ou l'autre aspect du modèle.

ÉTUDE DE CAS

Prenons une société X, acteur du secteur public et donc société de droit public. Différents rapports externes pointent de gros problèmes de gestion dont les symptômes sont :

- une dégradation de la trésorerie ;

- une gestion des ressources humaines lacunaire, en ce sens que le nombre de travailleurs a augmenté en continu sur quelques années pour un service inchangé ;
- une masse salariale correspondant à 50 % du chiffre d'affaires.

X, société de droit public, est soumise à un certain contrôle et doit rendre des comptes sur les points de sa gestion qui posent question. Cette situation génère des tensions entre cette société et sa tutelle. À la même époque, en interne, la société connaît un changement de président de son conseil d'administration (CA).

Cherchant à rassurer sa tutelle et peut-être aussi à s'en affranchir quelque peu, le CA de X, sous l'impulsion du nouveau président, décide de faire appel à un consultant extérieur pour procéder à une analyse complète de la situation.

Le consultant désigné (par marché public) connaît bien le modèle des 7S.

- Il procède tout d'abord à une première analyse rapide de la situation, essentiellement financière : recettes et évolution des résultats sur les dernières années, analyse des principaux postes de charge, masse brute d'exploitation, etc. Non seulement, ses conclusions rejoignent celles de la tutelle, mais elles les renforcent en présentant des résultats nettement plus sévères.

- Une fois ce premier constat établi, pour ainsi dire *ex cathedra*, puisque la réalisation d'un rapport essentiellement financier ne nécessite pas particulièrement de présence sur le terrain, il travaille au sein de la société et procède par « ateliers » (*workshop*) avec les principaux responsables. Il en ressort une série de nouveaux constats, qui mettent en lumière des carences au niveau de l'organisation et de la logistique, des tensions internes, des problèmes de compétences, etc.

- Une fois que le consultant se représente clairement les missions et les objectifs de la société, son travail consiste à proposer des recommandations concrètes. Les solutions envisagées résultent des ateliers, donc en accord ou en partenariat avec les employés de l'entreprise, et seront en partie mises en pratique.

- Ainsi, X sera réorganisée en profondeur : bien que le départ inévitable d'une partie importante du personnel (un tiers des travailleurs) par licenciement ou par mise à la retraite anticipée est socialement dur à supporter, il ne soulèvera aucun jour de grève.

En observant la démarche du consultant, on se rend compte qu'il entame sa réflexion en partant du noyau du schéma des 7S de McKinsey. Il prend d'abord en considération les valeurs partagées par les travailleurs dans l'exécution de leur travail. Il s'attarde ensuite sur le staff, c'est-à-dire le personnel, avec ses qualités et ses défauts. Les problèmes sont analysés à l'aune des décalages entre le système (soit les procédures) et le staff. Il en ressort, par exemple, que certaines missions ne sont pas nettement définies ou partiellement faites deux fois et que plusieurs manquent d'outils ou de qualifications pour effectuer des tâches qui leur sont assignées.

En clarifiant les procédures internes, le consultant travaille à la fois sur le système, mais aussi sur les compétences.

Il se rend également compte d'un certain nombre de tensions, liées aux personnalités différentes, mais aussi à des facteurs extérieurs, de type politique. Nous l'avons dit, le nombre de travailleurs a augmenté fortement et rapidement, sans changement au niveau du service rendu. En raison de la politisation du CA (société de droit public), certains travailleurs apparaissent ainsi comme moins légitimes que d'autres. Dans cette situation particulière, le consultant travaille avec deux cadres nouvellement arrivés et relativement préservés par ces questions de légitimité : le responsable financier et le président du CA.

Malgré la dynamique de travail et même, dans une certaine mesure, en raison de celle-ci, il se crée une tension et des clivages entre certains travailleurs, parmi lesquels le directeur même de la société. Ce dernier sent une perte de légitimité, un certain nombre de ses décisions et de ses actions étant remises en cause. Parallèlement, le président du CA s'implique, sert d'interface entre les travailleurs et le CA et fournit un travail important qui conduit à une dynamisation de l'ensemble du CA, à une meilleure information et à une plus grande implication de ses membres. Ce que ces tensions révèlent, c'est qu'en travaillant sur le système, le consultant a ébranlé la structure. Le travail « de terrain » a forcé la structure à s'adapter face à une réorganisation inévitable et d'importance.

Sous l'impulsion des nouveaux cadres, suivant les recommandations du consultant et avec l'appui de l'essentiel de la base, les responsables – le CA – ont pu redéfinir la stratégie de la société. Certes, les missions sont définies par un cadre organique, mais la façon d'agir lui est propre. Dans ce cas précis, la stratégie est la suivante :

- une adaptation de la méthode ;
- la définition d'objectifs en adéquation avec les missions de la société et avec les valeurs qui la sous-tendent. Puisqu'il s'agit d'une société de services de droit public ne devant donc pas se positionner sur le marché par rapport à des acteurs privés, l'aspect stratégique est plus limité.

Quant au *style*, le changement de président du conseil est déterminant : un certain dynamisme et une implication nouvelle animent désormais cet organe de gestion. Le directeur, mis sur la sellette à cause de ses lacunes, soulevées lors des différents rapports, et n'ayant pas pris part aux travaux du consultant, se retrouve isolé.

Lâché par son conseil d'administration, il choisit de quitter la société dans le cadre d'un plan de retraite anticipée et c'est le responsable financier qui le remplace aussitôt. En quelque sorte, la boucle est bouclée puisque ce dernier et le président ont été les deux interlocuteurs principaux du consultant.

Rappelons que la réorganisation de la société X a été menée sans heurts sociaux (sans grève, notamment). Aujourd'hui, le climat social y est nettement meilleur que par le passé. Le fonctionnement est plus harmonieux grâce à la redéfinition des tâches et des services. Quelques détails doivent cependant encore être réglés, dont le fait que certaines compétences manquent encore en interne. En voici les différentes raisons :

- premièrement, le personnel en place est globalement peu qualifié ;
- d'autre part, d'un point de vue réglementaire, puisqu'une société qui procède à une restructuration importante ne peut engager à nouveau du personnel au cours des trois années qui suivent, il a fallu déterminer combien d'employés étaient nécessaires pour maintenir les activités et le niveau de service

de l'entreprise. Cette démarche implique donc de calculer le nombre de départs souhaités afin de former une équipe réduite, n'ayant pas forcément toutes les compétences requises.

Enfin, insistons sur le fait que le consultant a entamé sa réflexion depuis le centre de l'atome des 7S (valeurs partagées), autrement dit à partir de ce qui doit être le point commun de l'ensemble des travailleurs. Après, il a « voyagé » dans le schéma, qui le permet d'ailleurs parfaitement. L'interconnexion et la non-hiérarchie des éléments représentent, selon nous, une des forces majeures du modèle.

EN RÉSUMÉ

- Les 7S McKinsey forment un modèle de diagnostic organisationnel, utilisé en management, notamment à l'occasion de la mise en œuvre de nouveaux projets ou de changements à opérer au sein d'une entreprise. Son succès provient du fait qu'il permet de prendre en compte un ensemble intéressant de paramètres dont il favorise l'interconnexion.
- Apparu dans les années quatre-vingt, ce modèle est issu des évolutions des sciences humaines (structuralisme et valorisation des relations sociales) et de l'économie (modification des structures commerciales et entrepreneuriales allant vers une hybridation et une internationalisation des entreprises).
- Les théoriciens des 7S sont Robert Waterman, Thomas Peters et Julien Philips.
- Ce modèle a l'avantage de prendre en compte les interactions entre les différents paramètres qui composent une organisation. En outre, l'accent est placé sur les relations humaines et l'aspect qualitatif.

- Toutefois, ce modèle, comme les autres, est toujours considéré comme un outil et non comme une fin. De plus, en raison de l'importance qu'il accorde aux relations humaines, aux valeurs partagées et au management, il fait la part belle à des critères de type subjectif ou à des données qualitatives. À ce titre, certains préfèrent des approches plus axées sur des données économiques et quantifiables.

Votre avis nous intéresse !
Laissez un commentaire sur le site de votre
librairie en ligne et partagez vos coups de cœur sur
les réseaux sociaux !

POUR ALLER PLUS LOIN

SOURCES BIBLIOGRAPHIQUES

- Bajoit (Guy), *Pour une sociologie relationnelle*, Paris, PUF, 1992.

- Bourdieu (Pierre), *La Distinction – critique sociale du jugement*, Paris, Éditions de Minuit, 1979.

- Bourdieu (Pierre), *Questions de sociologie*, Paris, Éditions de Minuit, 2002.

- Crozier (Michel) et Friedberg (Erhard), *L'Acteur et le Système*, Paris, Seuil, 1977.

- Desveaux (Emmanuel), *Au-delà du structuralisme. Six méditations sur Claude Lévi-Strauss*, Paris, Complexe, 2008.

- Lévi-Strauss (Claude), *Anthropologie structurale*, Paris, Pocket, 2003.

- Portail de Tom Peters, consulté le 30 juin 2014. http://tompeters.com/

- Waterman (Robert H.), Peters (Thomas J.) et Philips (Julien R.), *Structure is not Organization, in Business Horizons*, vol. 23, issue 3, p. 14-26, juin 1980.

ISBN ebook : 978-2-8062-5698-0
ISBN papier : 978-2-8062-5699-7
Dépôt légal : D/2014/12603/111
Couverture : © Primento

Conception numérique : Primento,
le partenaire numérique des éditeurs